Genussmomente

KOCHEN FÜR BABYS

EIN BUCH DER
EDITION MICHAEL FISCHER

INHALTS-VERZEICHNIS

GRUNDLAGEN

GESUND & EINFACH

BEIKOSTEINFÜHRUNG

Die ersten Monate ist Ihr Baby mit Mutter- oder Säuglingsmilch noch optimal versorgt. Dann wird es allerdings immer aktiver. Um sich gesund entwickeln zu können, braucht es viel Energie und Nährstoffe. Gleichzeitig ist das Verdauungssystem Ihres Lieblings aber noch nicht voll ausgereift und der Magen noch recht klein. Deswegen sollte die Umstellung von Mutter- oder Säuglingsmilch auf Beikost schonend passieren. Starten Sie mit Miniportionen und stellen Sie die Mahlzeiten sorgfältig zusammen, unter Berücksichtigung des steigenden Eisenbedarfs.

Ersetzen Sie nach und nach eine Milchmahlzeit durch eine Breimahlzeit. Sodass nach etwa einem Monat drei Milchmahlzeiten durch verschiedene Breimahlzeiten ersetzt werden. Beginnen Sie am besten mit dem Mittagsbrei. So hat Ihr Baby bis zum Abend ausreichend Zeit, die neue und anfangs ungewohnte Nahrung zu verdauen. Möhren, Kürbis oder Pastinaken eignen sich hervorragend für die ersten Breiversuche, da sie etwas süßlich schmecken. Der süße Geschmack wird von den meisten Babys bevorzugt. Achten Sie bei Obst und Gemüse auf gute Qualität. Es lohnt sich, auf Bioprodukte zurückzugreifen. Denn viele konventionelle Obst- und Gemüsesorten sind gespritzt und womöglich mit Pestiziden belastet.

DIE DREI BREIETAPPEN

Lassen Sie Ihrem Baby so viel Zeit wie nötig. Es muss erst lernen, von einem Löffel zu essen. Die Bewegungsabläufe vom Saugen zum Essen sind komplett unterschiedlich. Außerdem sind die Temperatur, die Konsistenz und der Geschmack neu für Ihr Kleines.

Der Weg zum Familienessen erfolgt in drei Breietappen. Am Anfang steht ein sehr fein pürierter Gemüsebrei. Nach und nach kann die Konsistenz dann gröber werden. Die ersten Tage sollten Sie bei einer Gemüsesorte bleiben. Nach einigen Tagen können Sie dem Gemüsebrei dann Kartoffeln und etwas Rapsöl untermischen. Erst im nächsten Schritt kommt dann Fleisch dazu. Fleisch ist für Ihr Baby ein wichtiger Eisenlieferant und sollte etwa viermal in der Woche auf dem Speiseplan stehen. Auch Getreideflocken wie Hirse oder Hafer liefern viel Eisen. Allerdings sollten Sie dann auf Milchprodukte verzichten, da diese die Eisenaufnahme behindern. Mischen Sie den Breirezepten etwas Saft als Vitamin-C-Lieferant bei, dadurch wird die Eisenaufnahme unterstützt. Natürlich eignet sich dazu auch ein Obstpüree.

Je mehr Brei Ihr Baby bekommt, desto mehr Flüssigkeit braucht es. Eine Flasche oder ein Trinklernbecher mit Wasser ist dafür prima. Auch ungesüßte Kräuter- oder Früchtetees eignen sich gut. Auf Saft sollten Sie verzichten, da Babys sich schnell an den süßen Geschmack gewöhnen und dann Wasser verschmähen. Das ist für die späteren Zähne von Nachteil.

GEMÜSEBREI MITTAGS

1

Den Anfang bei der Beikosteinführung macht der Gemüsebrei. Für den ersten Brei pürieren Sie Möhre, Pastinake oder Kürbis sehr fein. Am Anfang kann dieser Brei auch mit etwas Mutter- oder Säuglingsmilch angereichert und verdünnt werden. Die ersten Tage wird das Baby nur ein paar kleine Löffel essen. Das ist normal und sollte langsam gesteigert werden. Auch ist es ratsam, die ersten Tage bei einem Rezept mit nur einer Gemüsesorte zu bleiben. So können sich Ihr Baby und sein Verdauungssystem schonend auf die neue Kost umstellen. Nach und nach können Kartoffel und Öl mit untergemixt werden und dann im letzten Schritt Fleisch.

MILCHBREI ABENDS

2

Nachdem sich Ihr Baby an den Gemüse-Fleisch-Brei gewöhnt hat, kommt nun der nächste Schritt: der kalorienreiche Milchbrei. Abends kann er die Stillmahlzeit ersetzen. Mitunter verhilft er zum Durchschlafen. Am besten verwenden Sie für den Brei Muttermilch oder HA-Nahrung (hypoallergene Nahrung) und Vollkorngetreideflocken. Getreide ist wichtig für Ihr Baby, denn es ist ein bedeutender Kohlenhydratlieferant. Ab dem 6. Monat verträgt Ihr Baby auch Kuhmilch in kleinen Mengen. Am Anfang können Sie die Milch mit Wasser verdünnen. Dann ist der Brei allerdings nicht mehr so reichhaltig und sättigt nicht so lang wie ein reiner Milchbrei. Wenn Sie den Brei lieber mit einer Flasche statt mit einem Löffel füttern möchten, verdünnen Sie ihn und nutzen Sie einen Kreuzschlitzsauger.

GETREIDE-OBST-BREI NACHMITTAGS

3

Der Nachmittagsbrei ist die dritte Mahlzeit, die ersetzt wird. Dieser Brei besteht aus Wasser, Getreideflocken, Obstpüree und etwas Fett wie Butter oder Rapsöl. Hier können Sie auch rohes Obst verwenden. Das lässt sich im Nu zubereiten. Butter oder Rapsöl enthalten Vitamin B, D und ungesättigte Fettsäuren. Nur Obstbrei macht nicht satt. Später kommen noch Frühstück, Abendbrot und eine Zwischenmahlzeit dazu.

DAS ERSTE JAHR

Los geht's!

Die folgende Tabelle hilft Ihnen bei der richtigen Obst- und Gemüseauswahl. Ein kurzer Blick auf das Alter Ihres Babys genügt, um zu wissen, ob es schon bereit ist für das entsprechende Obst oder Gemüse. So können Sie bei der Brei-Zusammenstellung selbst kreativ sein und immer wieder anderes Obst und Gemüse miteinander kombinieren. Denken Sie aber bitte immer daran, dem Brei etwas Rapsöl zuzufügen.

1. – 4. Monat

Muttermilch oder Säuglingsmilch

5. und 6. Monat

Muttermilch oder Folgemilch

Möhre, Pastinake, Kürbis, Kartoffel, Süßkartoffel, Knollensellerie, Steckrübe, Kohlrabi, Gurke, Fenchel, Zucchini

Vollkorngetreideflocken, Grieß, Polenta

Kuhmilch in kleinen Mengen

mageres Fleisch vom Rind, Schwein, Lamm oder Geflügel

Apfel, Birne, Banane, Melone, Heidelbeeren, Avocado

Butter, Rapsöl

7. und 8. Monat

Blumenkohl

Staudensellerie

Mais

Spargel

Brokkoli

Spinat

Mangold

Spitzkohl

Vollkornnudeln

Mango

Fisch

9. und 10. Monat

Kiwi

Aprikose

Beeren

Tomate

Erbsen

Chinakohl

Kräuter

Brot

Graupen

pasteurisierter und
milder Käse

Ei

11. und 12. Monat

Langsam gewöhnt
sich das Baby an
die Familienkost. Es
wächst zum Klein-
kind heran und
darf alles mitessen.
Trotzdem sollte mit
dem Salz sparsam
umgegangen
werden.

Ab dem 6. Monat muss das Leitungswasser nicht mehr zwingend abgekocht werden. In Deutschland kann das Leitungswasser im Normalfall für die Zubereitung von HA-Nahrung genutzt werden, es sei denn, Sie wohnen in einem alten, unsanierten Haus mit Bleirohren. Wenn Sie Ihrem Leitungswasser nicht vertrauen, können Sie abgefülltes Wasser mit dem Zusatz „Für die Zubereitung von Säuglingsnahrung geeignet" kaufen. Dieses Wasser unterliegt garantiert den gesetzlichen Bestimmungen und Grenzwerten.

REZEPTE

ERSTER
Möhrenbrei

FÜR 1 PORTION

- 150 g Möhren
- 1 TL Rapsöl
- 1 EL Birnen-Direktsaft

SO GEHT'S

1 Die Möhren waschen, schälen und in Stücke schneiden.

2 Zusammen mit 200 ml Wasser in einen kleinen Topf geben und bei mittlerer Hitze in 9–10 Minuten weich garen.

3 Etwas von der Kochflüssigkeit abgießen und die Möhren mit dem Stabmixer pürieren.

4 Zuletzt mit Rapsöl und Birnensaft verrühren. Auf etwa 37 °C abkühlen lassen und servieren.

TIPP

Statt Möhren passt auch Kürbis. Es kann auch gleich die dreifache Menge gekocht und portionsweise eingefroren werden. Die Zeiten bleiben gleich. Hierfür den heißen Brei sofort portionsweise in Plastikbecher, Gläschen oder in einer Eiswürfelform einfrieren und am Abend vor dem Gebrauch im Kühlschrank auftauen lassen. So lassen sich die Breie ohne Qualitätsverlust bis zu zwei Monate aufbewahren.

ERSTER
Pastinakenbrei

FÜR 1 PORTION

- 150 g Pastinaken
- 2 TL Rapsöl

SO GEHT'S

1 Die Pastinaken waschen, schälen und in Stücke schneiden.

2 Die Pastinakenstücke mit 200 ml Wasser in einen kleinen Topf geben und bei mittlerer Hitze etwa 8 Minuten garen.

3 Vom Kochwasser etwas abgießen und das Gemüse entweder im Topf oder umgefüllt in einer Schüssel mit dem Stabmixer fein pürieren. Dabei das Rapsöl hinzufügen.

4 Den Pastinakenbrei auf etwa 37 °C abkühlen lassen.

TIPP

Für einen Breivorrat gleich die dreifache Menge kochen und portionsweise einfrieren (s. S. 12). Die Zeiten bleiben dabei gleich.

HIRSEBREI
mit Kürbis

FÜR 2 PORTIONEN

- 300 g Hokkaido-Kürbis
- 20 g Hirseflocken
- 2 EL Rapsöl
- 40 ml frisch gepresster Orangensaft

SO GEHT'S

1 Den Kürbis waschen, von Kernen und Fasern befreien und in grobe Stücke zerkleinern.

2 Die Kürbisstücke in einem Topf mit Wasser bedeckt bei mittlerer Hitze in etwa 15 Minuten weich garen. Dann das Kochwasser abschütten, dabei 140 ml für den Brei auffangen.

3 Den Topf mit dem Kürbis wieder auf den Herd stellen, die Hirseflocken mit dem aufgefangenen Kochwasser hinzufügen und den Topfinhalt 2 Minuten garen.

4 Alles mit dem Stabmixer pürieren und dabei den Orangensaft hinzufügen.

5 Auf etwa 37 °C abkühlen lassen und servieren.

TIPP

Sie können auch eine andere Kürbissorte verwenden. Dann aber den Kürbis schälen.

DREIERLEI
Fruchtbrei

FÜR 1 PORTION

- 70 g Apfel
- 120 g Pfirsich
- 70 g Banane

SO GEHT'S

1 Den Apfel waschen, schälen und das Kerngehäuse entfernen. Das Fruchtfleisch in kleine Stücke schneiden.

2 Den Pfirsich waschen, halbieren, den Stein entfernen und das Fruchtfleisch klein schneiden.

3 Apfel- und Pfirsichstücke mit wenig Wasser in einem kleinen Topf 2–3 Minuten garen.

4 Die Banane schälen, klein schneiden und hinzufügen.

5 Den Topfinhalt mit dem Stabmixer pürieren.

6 Auf etwa 37 °C abkühlen lassen und servieren.

TIPP

Bei der Obsteinführung auf dem Baby-Speiseplan kann das Obst wie im Rezept leicht gegart werden. Generell wird das Obst frisch bzw. roh püriert.

REISBREI
mit Banane und Trauben

FÜR 1 PORTION

— 20 g Vollkornreisflocken

— 30 g Banane

— 30 g kernlose Trauben

SO GEHT'S

1 Die Reisflocken mit 100 ml Wasser in einem Topf verrühren und aufkochen lassen.

2 Die Herdplatte ausschalten und den Reisbrei 2 Minuten quellen lassen.

3 Die Banane schälen und klein schneiden. Die Trauben waschen. Beides in den Reisbrei rühren.

4 Den Topfinhalt mit dem Stabmixer fein pürieren.

5 Den Brei auf etwa 37 °C abkühlen lassen und servieren. Er dickt während der Abkühlzeit nach.

TIPP

Ab dem 6. Monat können Sie die 100 ml Wasser auch durch Vollmilch oder HA-Nahrung ersetzen.

FRUCHTIGER
Getreidebrei

FÜR 1 PORTION

- 25 g Hirse-, Reis- oder Dinkelflocken
- 20 ml Birnen-Direktsaft
- 2 TL Rapsöl

SO GEHT'S

1 Die Hirseflocken sowie den Saft mit 100 ml Wasser in einen Topf geben und unter Rühren aufkochen. Bei mittlerer Hitze 5–6 Minuten sanft köcheln lassen.

2 Den Topfinhalt mit dem Stabmixer pürieren und dabei das Rapsöl hinzufügen.

3 Den Brei auf etwa 37 °C abkühlen lassen und servieren. Er dickt während der Abkühlzeit nach.

FLEISCHBREI
mit Pastinake und Kartoffel

FÜR 3 PORTIONEN

– 120 g Kartoffeln

– 270 g Pastinaken

– 60 g Kalbfleisch

– 25 ml Rapsöl

– 60 ml Birnen-Direktsaft

SO GEHT'S

1 Kartoffeln und Pastinaken schälen, waschen und in kleine Stücke schneiden. Das Kalbfleisch würfeln.

2 Die vorbereiteten Zutaten mit 300 ml Wasser in einen Topf geben und aufkochen. Bei mittlerer Hitze 12–15 Minuten garen.

3 Von der Garflüssigkeit etwas abgießen, Rapsöl und Birnensaft hinzufügen und alles mit dem Stabmixer fein pürieren.

4 Auf etwa 37 °C abkühlen lassen und servieren.

TIPP

Je nachdem, ob Ihr Baby festeren Brei bevorzugt, einfach mehr Garflüssigkeit abgießen – oder ihn lieber weicher mag, noch etwas abgekochtes Wasser beimischen.

KÜRBISBREI
mit Kartoffel und Fleisch

FÜR 3 PORTIONEN

– 250 g Hokkaido-Kürbis

– 150 g Kartoffeln

– 80 g Apfel

– 90 g Rindfleisch

– 30 ml Rapsöl

SO GEHT'S

1 Den Kürbis waschen, von Kernen und Fasern befreien und in kleine Stücke schneiden. Die Kartoffeln schälen, waschen und in Stücke schneiden. Den Apfel waschen, schälen, das Kerngehäuse entfernen und das Fruchtfleisch klein schneiden. Das Rindfleisch in kleine Würfel schneiden.

2 Alle vorbereiteten Zutaten in einen Topf geben und mit Wasser bedecken. Einmal aufkochen und dann bei mittlerer Hitze etwa 18 Minuten garen.

3 Überschüssige Garflüssigkeit abgießen, das Öl hinzufügen und alles mit dem Stabmixer fein pürieren.

4 Auf etwa 37 °C abkühlen lassen und servieren.

TIPP

Sie können auch eine andere Kürbissorte verwenden, dann aber die Schale entfernen.

ROTE-BETE-BREI
mit Lachs

FÜR 1 PORTION

- 60 g Kartoffeln
- 100 g Rote Bete
- 30 g Lachsfilet
- 2 TL Rapsöl
- 30 ml Apfel-Direktsaft

SO GEHT'S

1 Kartoffeln und Rote Bete schälen, waschen und in kleine Stücke schneiden. Das Lachsfilet kalt abspülen, trocken tupfen, von Gräten befreien und zerkleinern.

2 Alle vorbereiteten Zutaten in einen Topf geben und mit Wasser bedecken. Einmal aufkochen und dann bei mittlerer Hitze mit Deckel etwa 15 Minuten garen.

3 Etwas Garflüssigkeit abgießen, Öl und Apfelsaft hinzufügen und alles mit dem Stabmixer fein pürieren.

4 Auf etwa 37 °C abkühlen lassen und servieren.

MITTAGSBREI
mit Süßkartoffel und Pute

FÜR 1 PORTION

- 150 g Süßkartoffeln
- 30 g Putenfleisch
- 2 TL Rapsöl
- 30 ml frisch gepresster Orangensaft

SO GEHT'S

1 Die Süßkartoffeln schälen, waschen und in kleine Stücke schneiden. Das Putenfleisch klein würfeln.

2 Süßkartoffeln und Fleisch in einen Topf geben und mit Wasser bedecken. Einmal aufkochen lassen und dann bei mittlerer Hitze 12–15 Minuten garen.

3 Etwas überschüssige Kochflüssigkeit abgießen, Öl und Saft hinzufügen und alles mit dem Stabmixer stückig pürieren.

4 Auf etwa 37 °C abkühlen lassen und servieren.

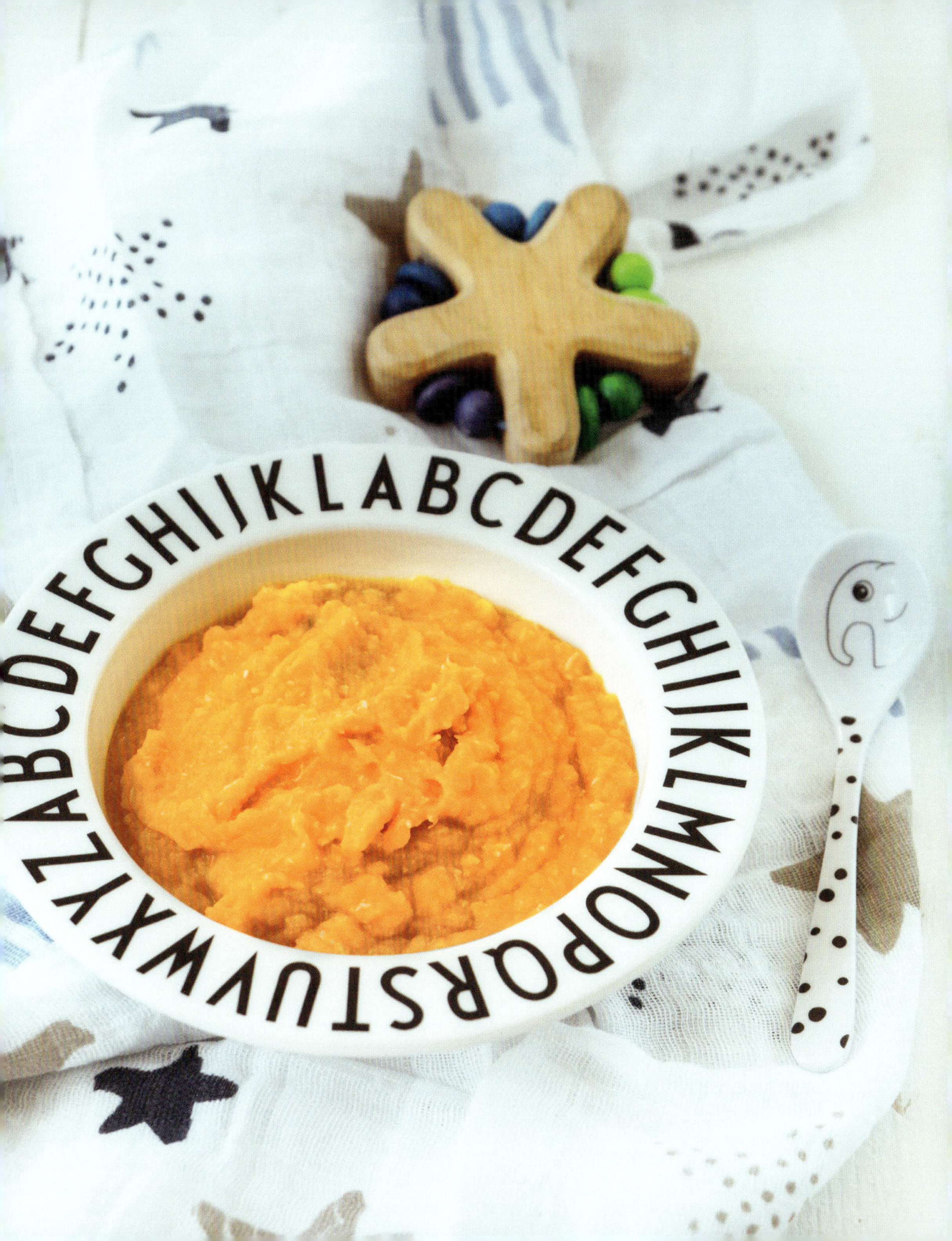
ABCDEFGHIJKLABCDEFGHIJKLMNOPQRSTUVWXYZ

ZWIEBACKBREI
mit Heidelbeeren

FÜR 1 PORTION

– 30 g Zwieback

– 100 g Heidelbeeren

– 20 ml Apfel-Direktsaft

SO GEHT'S

1 Den Zwieback fein zerbröseln. Die Heidelbeeren waschen.

2 In einem Topf 180 ml Wasser aufkochen und die Zwiebackbrösel einrühren.

3 Je nach gewünschter Konsistenz den Topfinhalt mit dem Stabmixer pürieren. Danach in eine Schüssel umfüllen.

4 Die Heidelbeeren mit dem Apfelsaft in einer Schüssel mit dem Stabmixer pürieren. Das Püree auf den Brei geben.

5 Auf etwa 37 °C abkühlen lassen und servieren.

GUTE-NACHT-BREI
mit Mangopüree

FÜR 2 PORTIONEN

- 250 g Mango
- 200 ml Vollmilch
  (alternativ HA-Nahrung)
- 30 g Schmelzflocken

SO GEHT'S

1 Die Mango schälen, das Fruchtfleisch vom Kern schneiden und würfeln. Die Mango mit wenig Wasser in einem Topf erhitzen und 2–3 Minuten sanft köcheln lassen. Mit dem Stabmixer pürieren und beiseitestellen.

2 Die Milch mit den Schmelzflocken in einem Topf unter Rühren aufkochen. Den Topf beiseiteziehen und den Brei auf etwa 37 °C abkühlen lassen. Er dickt noch nach.

3 Den Brei in eine Schale füllen und mit Mangopüree servieren.

SAFTIG GRÜNER

Spinatbrei

FÜR 1 PORTION

- 50 g Kartoffeln
- 100 g Blattspinat
- 30 ml Apfel-Direktsaft
- 2 TL Rapsöl

SO GEHT'S

1 Die Kartoffeln schälen und waschen. Anschließend in kleine Stücke schneiden.

2 Die Kartoffeln mit wenig Wasser bedeckt in einem kleinen Topf etwa 10 Minuten dünsten.

3 Den Spinat waschen, klein schneiden und zu den Kartoffeln geben. Alles zusammen 2 Minuten weiterdünsten.

4 Spinat und Kartoffeln mit dem Stabmixer pürieren, dabei Apfelsaft und Rapsöl hinzufügen.

5 Auf etwa 37 °C abkühlen lassen und servieren.

TIPP

Spinat sollte nur frisch gefüttert werden und darf nicht aufgewärmt werden, da das Nitrat dabei in Nitrit umgewandelt wird. Für Babys können bereits kleine Mengen an Nitrit gesundheitsgefährdend sein.

MÖHRENBREI
mit Kichererbsen

FÜR 3 PORTIONEN

– 250 g Möhren

– 50 g Kartoffeln

– 150 g Kichererbsen (Dose)

– 35 ml Rapsöl

– 40 ml frisch gepresster Orangensaft

– ½ TL gemahlener Kreuzkümmel

SO GEHT'S

1 Möhren und Kartoffeln schälen, waschen und in grobe Stücke schneiden.

2 Beides in einen Topf geben und mit wenig Wasser bedecken. Bei mittlerer Hitze 10 Minuten garen.

3 Die Kichererbsen abtropfen, hinzufügen und einige Minuten weitergaren.

4 Das Gemüse mit dem Stabmixer pürieren. Dabei Rapsöl, Orangensaft und Kreuzkümmel hinzufügen.

5 Auf etwa 37 °C abkühlen lassen und servieren. Den Rest portionsweise einfrieren.

HÜHNEREINTOPF
mit Gemüse und Nudeln

FÜR 4 PORTIONEN

- 250 g Möhren
- 50 g Knollensellerie
- 50 g Brokkoli
- 90 g Hähnchenbrustfilet
- 35 ml Rapsöl
- 70 g Muschelnudeln

SO GEHT'S

1 Möhren und Knollensellerie waschen, schälen und in kleine Stücke schneiden. Den Brokkoli in kleine Röschen schneiden und waschen. Das Fleisch in kleine Würfel schneiden.

2 Das Rapsöl in einen Topf geben und Möhren und Sellerie darin 2 Minuten leicht andünsten. Brokkoli, Nudeln und Hähnchenfleisch hinzufügen und mit 600 ml Wasser aufgießen. Einmal aufkochen und dann bei mittlerer Hitze 10–12 Minuten garen.

3 Den Eintopf mit dem Stabmixer je nach gewünschter Konsistenz pürieren.

4 Auf etwa 37 °C abkühlen lassen und servieren.

TIPP

Ältere Babys können den Eintopf als Suppe essen. Dann einfach Schritt 3 weglassen. Als Suppe, gewürzt mit Salz und Pfeffer, schmeckt das Gericht der ganzen Familie.

COUSCOUSBREI
mit Gemüse

FÜR 3 PORTIONEN

– 100 g Möhren

– 70 g Tomaten

– 200 g Zucchini

– 2 Stängel Petersilie

– 180 g Couscous

– 30 ml Rapsöl

– 40 ml frisch gepresster Orangensaft

SO GEHT'S

1 Die Möhren waschen, schälen und in kleine Stücke schneiden. Die Tomaten waschen, vom Stielansatz befreien und vierteln. Die Zucchini waschen, putzen und in kleine Stücke schneiden. Die Petersilie waschen, trocken schütteln, die Blättchen abzupfen und fein hacken.

2 Den Couscous in eine Schüssel geben und mit 200 ml kochend heißem Wasser übergießen. Die Schüssel mit einem Tuch abdecken und den Couscous quellen lassen.

3 Das Öl in einem Topf erhitzen. Möhren, Tomaten und Zucchini hineingeben, 2 Minuten andünsten und mit 150 ml Wasser aufgießen. Einmal aufkochen, dann bei mittlerer Hitze 12–15 Minuten weich garen.

4 Couscous, Petersilie und Orangensaft mit dem Gemüse vermischen und alles mit dem Stabmixer pürieren.

5 Auf etwa 37 °C abkühlen lassen und servieren.

TIPP

Wenn der Brei stückiger sein soll, nur kurz pürieren.

BROKKOLIBREI
mit Kartoffel und Fisch

FÜR 1 PORTION

- 90 g Kartoffeln
- 100 g Brokkoli
- 30 g Seelachsfilet
- 2 EL Rapsöl
- 2 EL frisch gepresster Orangensaft

SO GEHT'S

1 Die Kartoffeln schälen, waschen und in kleine Stücke schneiden. Den Brokkoli in Röschen schneiden und waschen. Das Seelachsfilet kalt abspülen, trocken tupfen, eventuelle Gräten entfernen und in Stücke schneiden.

2 Kartoffeln, Brokkoli und Fisch mit 150 ml Wasser aufkochen. Dann bei mittlerer Hitze 12–15 Minuten köcheln lassen.

3 Den Topfinhalt mit Rapsöl und Orangensaft verrühren und mit dem Stabmixer grob zerkleinern.

4 Auf etwa 37 °C abkühlen lassen und servieren.

HIRSEPORRIDGE
mit Mango und Vanille

FÜR 3 PORTIONEN

- 100 g Hirse
- 500 ml Mandeldrink
  (ohne Zusätze wie Zucker)
- etwas Vanillemark
- Salz
- 2 Feigen
- 2 EL Mandeln
- 1 TL Mandelmus
- 200 g Mangofruchtfleisch

SO GEHT'S

1 Die Hirse in einem Sieb kalt abspülen und kurz abtropfen lassen. Mit Mandeldrink, Vanillemark und 1 Prise Salz in einem Topf aufkochen und bei schwacher Hitze 5–10 Minuten köcheln lassen. Anschließend auf der abgeschalteten Herdplatte rund 10 Minuten ausquellen lassen.

2 Die Feigen waschen und ohne den Fruchtansatz klein schneiden. Die Mandeln grob hacken und in einer Pfanne ohne Fett rösten, bis sie duften.

3 Für das Baby etwa ein Viertel des Porridge abnehmen und mit Mandelmus und der Hälfte des Mangofruchtfleischs fein pürieren, bei Bedarf noch etwas Mandeldrink zugießen. Zum Servieren für die Eltern den restlichen Hirseporridge mit dem restlichen Obst mischen und mit den gehackten Mandeln bestreuen.

TIPP

Keine Frische-Feigen-Saison? Dann schnippeln Sie 2–3 getrocknete Feigen klein und kochen sie bereits mit der Hirse mit.

LECKERES
Bananeneis

FÜR 3 PORTIONEN

— 200 g Bananen

— 90 g Kokosmilch (Dose)

SO GEHT'S

1 Die Bananen schälen und in Scheiben schneiden.

2 Die Bananenscheiben flach in einen Gefrierbeutel oder eine Frischhaltebox füllen und über Nacht gefrieren lassen.

3 Die Scheiben am nächsten Tag etwas auseinanderbrechen. In einen Mixbecher geben, mit Kokosmilch begießen und mit dem Stabmixer cremig pürieren.

TIPP

Je reifer die Bananen, desto süßer wird das Eis. Ab dem 1. Lebensjahr kann das Eis auch mit Joghurt gemixt werden. Die Banane lässt sich ebenso gut durch viele andere Obstsorten austauschen.

CHIAPUDDING
mit Mangopüree

FÜR 1 PORTION

- 80 g Mango
- 100 g Kokosmilch (Dose)
- 100 ml Vollmilch
  (alternativ HA-Nahrung)
- 25 g Chia-Samen

SO GEHT'S

1 Die Mango schälen, das Fruchtfleisch vom Kern schneiden und würfeln. Mit dem Stabmixer fein pürieren.

2 Kokosmilch und Milch in einem Topf erwärmen. Mit den Chia-Samen gründlich verrühren, in ein Glas umfüllen und mindestens 40 Minuten (am besten über Nacht) quellen lassen.

3 Den Chiapudding mit Mangopüree füttern.

TIPP

Die angebrochene Dose Kokosmilch können Sie zu Bananeneis weiterverarbeiten (s. S. 48).

DINKELSPIRELLI
mit Kürbis und Lachs

FÜR 2 PORTIONEN

− 100 g Hokkaido-Kürbis

− 70 g Lachs

− 1 EL Rapsöl

− 120 g Dinkelspirelli

− 50 g Schmand

SO GEHT'S

1 Den Kürbis waschen, von Kernen und Fasern befreien und in kleine Stücke schneiden. Den Lachs kalt abspülen, trocken tupfen, von Gräten befreien und in Würfel schneiden.

2 Das Öl in einem Topf erhitzen und den Kürbis darin unter Rühren etwa 4 Minuten andünsten. 300 ml Wasser zugießen, aufkochen und die Nudeln einrühren. Den Topfinhalt je nach Packungsangabe der Nudeln weitere 5 Minuten garen.

3 Lachs und Schmand hinzufügen und weitere 5 Minuten sanft köcheln lassen.

4 Auf etwa 37 °C abkühlen lassen und servieren. Die Nudeln saugen in dieser Zeit die restliche Flüssigkeit auf.

TIPP

Statt Kürbis kann auch Möhre oder Zucchini verwendet werden.

LECKERER
Tomatenrisotto

FÜR 2 PORTIONEN

– 60 g Möhren

– 20 g Butter

– 80 g Risottoreis

– 250 g passierte Tomaten (Dose)

SO GEHT'S

1 Die Möhren waschen, schälen und in feine Würfel schneiden.

2 Die Butter in einem Topf erhitzen und die Möhren darin 2 Minuten andünsten. Den Reis hinzufügen, 1 Minute rühren und mit Tomaten sowie 100 ml Wasser auffüllen.

3 Den Topfinhalt bei niedriger Hitze etwa 20 Minuten sanft köcheln lassen und dabei immer wieder umrühren.

4 Den fertigen Tomatenrisotto auf etwa 37 °C abkühlen lassen und servieren.

GESUNDER
Möhrenaufstrich

FÜR 1 GLAS

- 150 g Möhren
- 60 g Butter (zimmerwarm)
- 80 g Tomatenmark
- ½ TL getrockneter Thymian
- ½ TL getrockneter Majoran
- ½ TL getrockneter Oregano

SO GEHT'S

1 Die Möhren waschen, schälen und klein würfeln.

2 Mit wenig Wasser bedeckt in einem kleinen Topf etwa 5 Minuten garen.

3 Die Möhren abgießen und zusammen mit weicher Butter, Tomatenmark und Kräutern pürieren.

4 In ein steriles Schraubglas füllen.

TIPP

Der Möhrenaufstrich hält sich mehrere Tage im Kühlschrank und schmeckt garantiert der ganzen Familie.

GEMÜSEBOLOGNESE
Grundrezept

FÜR CA. 1,5 L

- 1 Zwiebel
- 3 Möhren
- 3 Stangen Staudensellerie
- 3–4 Blätter Salbei
- 150 g Rote Linsen
- 2 EL Olivenöl
- 1 EL Zucker
- 2 Dosen stückige Tomaten (à 400 g Füllgewicht)
- 400 ml Gemüsebrühe
- 1 Zimtstange
- ½ Bio-Zitrone
- Salz, Pfeffer (nach Belieben)

SO GEHT'S

1 Die Zwiebel schälen und fein würfeln. Die Möhren schälen und in Stücke schneiden. Den Staudensellerie putzen, waschen und in Scheiben schneiden. Den Salbei waschen und trocken tupfen. Die Linsen waschen und gut abtropfen lassen.

2 Das Öl in einem großen Topf erhitzen, die Zwiebel darin anschwitzen, das Gemüse dazugeben und ca. 5 Minuten unter Rühren bei starker Hitze braten. Den Zucker hinzufügen, karamellisieren, dann die Tomaten und den Salbei zugeben. Linsen, Brühe und Zimtstange ebenfalls zufügen und alles aufkochen. Zugedeckt bei mittlerer Hitze etwa 30 Minuten garen.

3 10 Minuten vor Ende der Garzeit die Zitrone heiß waschen, trocken reiben, die Schale fein abreiben und den Saft auspressen. Beides zur Bolognese geben und gut untermischen, nach Belieben mit Salz und Pfeffer würzen.

TIPP

Sie können diese Universalsauce beispielsweise zu Polenta, Reis oder Nudeln servieren. Sie können sie mit Gemüsebrühe verlängern, einen Teil davon pürieren und dann als Suppe servieren.

GRIESSAUFLAUF
mit Aprikosen

FÜR 3 PORTIONEN

– 700 ml Vollmilch

– 100 g Dinkelvollkorngrieß

– etwas Butter

– 240 g Aprikosen (frisch oder aus der Dose)

– 1 Ei

– 1 EL Vanillezucker

– 250 g Quark (mager oder 20 % Fett)

– 1–2 TL Abrieb von 1 Bio-Zitrone

– 2 EL Mandelstifte

SO GEHT'S

1 Die Milch in einem Topf aufkochen. Den Grieß einrühren und unter Rühren ca. 3 Minuten kochen lassen. Den Herd abschalten und den Grießbrei zugedeckt ausquellen lassen.

2 Den Backofen auf 220 °C Ober-/Unterhitze (Umluft 200 °C) vorheizen und eine Auflaufform mit etwas Butter einfetten. Die Aprikosen waschen, entkernen und in Spalten schneiden oder die Aprikosen aus der Dose gut abtropfen lassen. Das Ei mit dem Vanillezucker leicht schaumig schlagen. Quark und Zitronenabrieb unterheben und den Grießbrei ebenfalls unterrühren.

3 Die Aprikosen in der gefetteten Auflaufform verteilen und mit der Grießmasse übergießen. Mandelstifte und Butter in Flöckchen darauf verteilen und im heißen Ofen (Mitte) 30–35 Minuten goldgelb backen.

TIPP

Sie können aus diesem Auflauf auch einfach einen Milch-Getreide-Brei für Ihr Baby ab dem 6. Monat zubereiten. Dafür gut 200 g des gekochten Grießbreis abnehmen und mit 1–2 EL Obstpüree oder 1–2 Hälften von den Aprikosen, püriert oder in feine Stückchen geschnitten, mischen.

SCHNELLE NUDELN
herzhaft oder süß

FÜR 3 PORTIONEN

GRUNDZUTATEN

– 150 g Nudeln (am besten Hörnchennudeln oder Gabelspaghetti)

– Salz

FÜR 2 PORTIONEN
HERZHAFTE SAUCE

– 1 kleine Zucchini

– 1 EL Rapsöl

– 200–300 ml Tomatensaft

– 1 EL Tomatenmark

– 1 EL gehackte Kräuter (nach Belieben)

FÜR 2 PORTIONEN
SÜSSE SAUCE

– 2 EL Apfelsaft

– 1 EL Frischkäse

– 1 EL Mandelmus

– 50 g Heidelbeeren

– (frisch oder TK)

SO GEHT'S

1 Die Nudeln nach Packungsangabe in reichlich kochendem, leicht gesalzenem Wasser bissfest garen und anschließend abgießen.

2 Tomaten-Zucchini-Sauce
Die Zucchini waschen, putzen und raspeln. Das Rapsöl in einem Topf erhitzen. Die Zucchini zugeben und kurz andünsten. Den Tomatensaft zugießen und zusammen etwa 5 Minuten bei schwacher Hitze garen. Das Tomatenmark einrühren. Wer mag, rührt noch ein wenig gehackte Kräuter unter. Zu den erwärmten Nudeln servieren.

3 Heidelbeer-Mandel-Sauce
Den Apfelsaft in einem Topf erhitzen, den Frischkäse einrühren und bei schwacher Hitze schmelzen lassen. Vom Herd nehmen, Mandelmus und Heidelbeeren einrühren, dabei nach Belieben einen kleinen Teil mit einer Gabel zerdrücken. Zu den erwärmten Nudeln servieren.

IMPRESSUM

Bibliografische Information der Deutschen Bibliothek.

Die Deutsche Bibliothek verzeichnet diese Publikation in der Deutschen Nationalbibliografie.

Detaillierte bibliografische Daten sind im Internet über http://www.dnb.de/ abrufbar.

Bei der Verwendung im Unterricht ist auf dieses Buch hinzuweisen.

EIN BUCH DER EDITION MICHAEL FISCHER

1. Auflage 2021

© 2021 Edition Michael Fischer GmbH, Donnersbergstr. 7, 86859 Igling

Projektleitung und Lektorat: Marline Ernzer
Reihengestaltung: Yvonne Witzan
Satz: Paul Schaffrath
Cover: Larissa Weinkopf

Bildnachweis:
Rezeptfotos: Désirée Peikert, Dörnick; außer: S. 4, 47, 59, 61, 63: Stefanie Hiekmann, Osnabrück

Rezepte: Désirée Peikert, Dörnick; außer: S. 46, 58, 60, 62: Dagmar Reichel, Freiburg

Illustrationen: Shutterstock: © Natalia N, © Skeleton Icon, © ksenvitaln, © Vissay

ISBN 978-3-7459-0237-2

Gedruckt bei Polygraf Print, Čapajevova 44, 08001 Prešov, Slowakei

www.emf-verlag.de